Die Weihnachtsgeschichte
Lukas 2, 1–20

Die Weihnachts- geschichte

Mit Bildern von Bernadette

Nord Süd

Vor langer Zeit befahl Kaiser Augustus allen Bewohnern seines Reichs, sich für eine Volkszählung zu melden. Es war das erste Mal, dass solch eine Erhebung durchgeführt wurde; damals war Quirinius Statthalter von Syrien. So ging jeder in die Stadt, aus der er stammte, um sich dort zählen zu lassen.

Auch Josef machte sich auf den Weg. Er gehörte zu den Nachkommen Davids. Deshalb begab er sich von seinem Wohnort Nazaret in Galiläa hinauf nach Betlehem in Judäa, der Stadt Davids. Dort ließ er sich zusammen mit Maria, seiner Verlobten, zählen. Maria war schwanger.

Während sie nun in Betlehem waren, war es für Maria Zeit, zu gebären. Lange suchten sie nach einer Unterkunft, aber sie fanden nur in einem Stall Platz. Dort brachte Maria ihr erstes Kind, einen Sohn, zur Welt. Sie wickelte ihn in Windeln und legte ihn in eine Futterkrippe.

In der Umgebung von Betlehem waren Hirten, die mit ihrer Herde draußen auf dem Feld lebten. Als sie in jener Nacht bei ihren Tieren Wache hielten, stand auf einmal ein Engel des Herrn vor ihnen, und er war umgeben von himmlischem Glanz. Die Hirten erschraken sehr.

Der Engel aber sagte zu ihnen: »Fürchtet euch nicht! Ich bringe euch eine gute Nachricht, über die im ganzen Volk große Freude herrschen wird. Heute ist in der Stadt Davids ein Retter geboren worden; es ist der Messias, der Herr.

An folgendem Zeichen werdet ihr das Kind erkennen:
Es ist in Windeln gewickelt und liegt in einer Futterkrippe.«

Mit einem Mal erschienen viele weitere Engel. Sie priesen Gott und riefen: »Ehre und Herrlichkeit Gott in der Höhe, und Frieden auf der Erde für die Menschen, auf denen sein Wohlgefallen ruht.« Daraufhin kehrten die Engel in den Himmel zurück.

Da sagten die Hirten zueinander: »Kommt, wir gehen nach Betlehem! Wir wollen sehen, was dort geschehen ist und was der Herr uns verkünden ließ.«

Sie machten sich auf den Weg, so schnell sie konnten, und fanden Maria und Josef und bei ihnen das Kind, das in der Krippe lag. Dem Kind wurde der Name Jesus gegeben.

Nachdem sie das Kind gesehen hatten, erzählten sie überall, was ihnen über dieses Kind gesagt worden war. Und alle, mit denen die Hirten sprachen, staunten über das, was ihnen da berichtet wurde.

Maria prägte sich alle diese Dinge ein und dachte immer wieder darüber nach.

Die Hirten kehrten zu ihrer Herde zurück. Sie rühmten und priesen Gott für alles, was sie gehört und gesehen hatten. Denn es war alles so gewesen, wie der Engel es ihnen gesagt hatte.

Diese Verse aus dem Lukasevangelium basieren sich
auf den Bibeltext der Neuen Genfer Übersetzung (NGÜ)
© 2011 Genfer Bibelgesellschaft

Bernadette wurde in Northampton, England, geboren. Sie studierte Illustration und Kunst am Maidstone College of Art in Kent, unter anderem bei Brian Wildsmith und David Hockney. Seit 1968 arbeitet sie als freie Illustratorin. Sie hat unzählige Grimm- und Andersen-Märchen für den NordSüd Verlag in ihrem einzigartigen Stil illustriert. Bernadette lebt und zeichnet in Kent.

© 1982 NordSüd Verlag AG, Franklinstrasse 23, CH-8050 Zürich
Alle Rechte, auch die der Bearbeitung oder auszugsweisen
Vervielfältigung, gleich durch welche Medien, vorbehalten.
Lektorat: Naomi Wolter
Lithografie: Weiß-Freiburg GmbH, Deutschland
Druck und Bindung: Print Best, Viljandi, Estland
ISBN 978-3-314-10705-4

1., überarbeitete Auflage 2024

www.nord-sued.com
Wir freuen uns über Nachrichten an: info@nord-sued.com

Der NordSüd Verlag wird vom Bundesamt für Kultur mit einem Strukturbeitrag für die Jahre 2021–2024 unterstützt.